LA GUERRA CIVIL ESPAÑOLA

La cuna del franquismo

Por Hadrien Nafilyan
En colaboración con Thomas Jacquemin
Traducido por Laura Bernal Martín

Historia en50MINUTOS.es

LA GUERRA CIVIL ESPAÑOLA

- **¿Cuándo?** De 1936 a 1939.
- **¿Contexto?** Las tensiones entre la derecha reaccionaria y la izquierda revolucionaria en una España inestable desde el siglo XIX y el asesinato del líder monárquico José Calvo Sotelo (1893-1936).
- **¿Beligerantes?** Los nacionales, también llamados franquistas, contra los republicanos.
- **¿Actores principales?**
  - Francisco Largo Caballero (1869-1946), jefe de Gobierno de 1936 a 1937.
  - Manuel Azaña (1880-1940), presidente de la República de 1936 a 1939.
  - Francisco Franco (1892-1975), general y hombre de Estado español.
  - Juan Negrín (1892-1956), jefe de Gobierno de 1937 a 1939.
- **¿Resultado?** Victoria de Franco y del movimiento nacional.
- **¿Víctimas?** La guerra le costó la vida a casi 300 000 personas, sin contar las víctimas de la represión que tuvo lugar después de la guerra.
- **¿Repercusiones?** La instauración de la dictadura franquista.

La guerra civil española enfrenta de 1936 a 1939 a los republicanos, partidarios de una España progresista y liberal, incluso revolucionaria, contra los nacionales, que apoyan un régimen tradicional y conservador de tendencia fascista. Es el resultado de profundas tensiones políticas y sociales que nacen en el siglo XIX y que se incrementan a partir de los años veinte, y que ni la caída de la monarquía en 1931 ni la Segunda República (1931-1936) logran frenar. Al contrario, la fragilidad de las nuevas instituciones y el negativo clima internacional de los años treinta contribuyen a radicalizar la vida política, por lo que, en 1936, el ejército intenta derrotar al Frente Popular (alianza de partidos de izquierda) que había llegado al poder algunos meses antes.

Enseguida, el general Franco lidera a los nacionales e instaura una dictadura propia, que se mantiene tras su victoria en 1939. El bando republicano, por su parte, está más dividido. Solo destacan verdaderamente las figuras de Manuel Azaña, presidente de la República de 1936 a 1939, de Francisco Largo Caballero, jefe de Gobierno de septiembre de 1936 a mayo de 1937, y de su sucesor, Juan Negrín.

El conflicto adopta rápidamente una dimensión internacional y, aunque Inglaterra y Francia rechazan implicarse, Joseph Stalin (1878-1953) por una parte y Adolf Hitler (1889-1945) y Benito Mussolini (1883-1945) por otra, apoyan respectivamente a los republicanos y a los nacionales, hasta tal punto que algunos historiadores no dudan en afirmar que se trató de un ensayo general previo al segundo conflicto mundial que estaba a punto de estallar.

CONTEXTO

UNA REPÚBLICA EN DIFICULTADES

La Guerra Civil estalla cuando el contexto nacional e internacional es especialmente inestable. En 1923, bajo la dictadura de Miguel Primo de Rivera (1870-1930), la monarquía (constitucional desde 1874) es solo la sombra de sí misma. Poco después, el 14 de abril de 1931, se proclama la Segunda República tras la victoria en las elecciones municipales de los republicanos. En cinco años, la mayoría de voto cambia tres veces de bando: lo que la izquierda hace de 1931 a 1933 lo deshace la derecha de 1934 a 1935, antes de que la izquierda logre recuperar el poder en 1936 gracias al Frente Popular. La llegada de la izquierda al poder agrava las tensiones, y los extremistas de ambos bandos se vuelven cada vez más violentos.

La Segunda República cuenta con poca unanimidad, tanto por parte de la derecha como de la izquierda. Las discrepancias entre ambos grupos políticos, así como entre los republicanos y los que se oponen a este tipo de régimen, son demasiado importantes como para llegar al entendimiento. Sin embargo, durante las crisis más graves, como lo será la guerra civil, lo que prevalece es la oposición entre la derecha y la izquierda.

Entre los republicanos se encuentran los partidos reformistas y moderados de centro derecha y de centro izquierda, al que pertenece Manuel Azaña. El PSOE (Partido Socialista Obrero Español) y su sindicato, la UGT (Unión General de

Trabajadores) también lo son durante un tiempo, antes de dejarse llevar por la tentación revolucionaria a partir de 1933, bajo la influencia de Francisco Largo Caballero. Finalmente, la CEDA (Confederación Española de Derechas Autónomas), un partido católico y conservador fundado en 1932 por José María Gil-Robles (1898-1980), respeta la legalidad para compensar el peso electoral de la izquierda.

Los antirrepublicanos también son muy poderosos. Los anarquistas se reagrupan en la FAI (Federación Anarquista Ibérica) y en la poderosa CNT (Confederación Nacional del Trabajo), que cuenta con casi 1 600 000 miembros en 1936. Revolucionarios y partidarios de la colectivización radical, rechazan claramente la república, al igual que el POUM (Partido Obrero de Unificación Marxista), un partido comunista antiestalinista fundado en 1935 y liderado por Andreu Nin (1892-1937). La postura del PCE (Partido Comunista Español), aún relativamente modesto —en 1936 solo cuenta con 100 000 miembros— es más ambigua: fluctúa en función de los intereses de la Internacional Comunista y de la URSS. En el otro lado del tablero político, los monárquicos convencidos no le tienen a la república en gran estima. Lo mismo le ocurre a la Falange Española, un pequeño partido de inspiración fascista nacido en 1934 de la fusión de la Falange de José Antonio Primo de Rivera (1903-1936) y de las Juntas de Ofensiva Nacional-Sindicalista (JONS).

LLAMADAS A LA VIOLENCIA

A partir de 1935, algunas personalidades políticas se niegan a entablar cualquier tipo de negociación con los partidos adversarios. Por eso, José Antonio Primo de Rivera afirma que afirma que la única opción que tienen es la insurrección, y que la guerra civil es su deber. El propio Largo Caballero anuncia antes de las elecciones de febrero de 1936 que «si triunfan las derechas [...], [tendrán] que ir a la guerra civil declarada» (Memoria Republicana).

El Gobierno de izquierda del primer bienio de la Segunda República española (1931-1933) lanza grandes reformas con el objetivo de laicizar y de reducir las disparidades existentes en la sociedad. Por una parte, procede a la separación de la Iglesia del Estado, a la instauración del matrimonio civil y a la legalización del divorcio y, por otra parte, a la reforma agraria destinada a repartir mejor las tierras entre la población al expropiar a los grandes propietarios a cambio de una indemnización. Asimismo, le otorga autonomía a Cataluña. Estas medidas, temidas por la derecha y esperadas desde hace mucho tiempo por la izquierda, desatan la cólera de unos y el descontento de otros, que consideran que las reformas puestas en marcha no van lo suficientemente lejos.

UNAS CONDICIONES DE VIDA DIFÍCILES

La pobreza reina en España, sobre todo en el campo, que cuenta con dos millones de jornaleros sin tierra. Además, el 30 % de la población es analfabeta. El desarrollo de las regiones industriales (sobre todo en Asturias, en el País Vasco y en Cataluña) se acompaña de condiciones de vida difíciles para el proletariado, mientras que el auge económico real, frenado por la Gran Depresión (1929-1939) no basta para compensar la ausencia de reformas sociales de fondo y el crecimiento de la población, que supera los 19 millones en 1900 y los 24 millones treinta años más tarde.

Además de llevar a cabo numerosas huelgas, los anarco-sindicalistas se sublevan en varias ocasiones, sobre todo en Cataluña y en Andalucía. Estos motines se reprimen con dureza: en enero de 1933, en Casas Viejas (Cádiz), seis campesinos que se habían sublevado, entre los que hay mujeres y niños, mueren quemados en su casa, incendiada por la policía, y otros 12 son ejecutados. Pero la insurrección más importante tiene lugar en Asturias en octubre de 1934, bajo la coalición gubernamental de derecha del segundo bienio (1934-1935). Desencadenada por los socialistas tras la llegada al Gobierno de tres miembros de la CEDA (Confederación Española de Derechas Autónomas), dura dos semanas, durante las que los insurgentes se apoderan de una gran parte de la provincia minera. A pesar de las consignas, se cometen muchos abusos (atracos, destrucción, asesinatos), siendo el más destacado el asesinato de 34 miembros del clero. Los generales Manuel Goded (1882-1936) y Francisco Franco se encargan de la represión, que provoca 1000 muertos. En todo caso, este episodio, considerado a veces preludio de la Guerra Civil, acentúa gravemente la crispación política.

EL TRIUNFO DE LOS REGÍMENES TOTALITARIOS

La coyuntura internacional también es deplorable y no ayuda de ninguna forma a que España alivie sus disensiones internas. La Gran Depresión, fruto de la crisis económica que experimentan los Estados Unidos en 1929, golpea a España a principios de los años treinta, provocando entre otras cosas el aumento del desempleo. Pero es sobre todo el contexto político lo que contribuye a reforzar las tensiones preexistentes. Las diferentes corrientes políticas españolas tienden a buscar sus modelos en una Europa en la que se afirman regímenes autoritarios, incluso totalitarios, elaborados por líderes con ideologías antidemocráticas, violentas y radicales. La gran referencia de la izquierda revolucionaria es la URSS: la de Lenin (1870-1924) para los anarcosindicalistas y el POUM, y la de Stalin para el PCE —que es miembro de la Internacional Comunista o Komintern. Por su parte, la Italia de Mussolini inspira a una parte de la derecha, como a la Falange, pero su ideología modernista y su carácter populista, militarista y ligeramente pagano suscita la desconfianza de una derecha muy tradicional y católica.

La llegada al poder de Hitler en 1933 y el desarrollo del fascismo, por una parte, y la expansión del Komintern y la intensificación de la política estalinista de la URSS por otra, radicalizan las posiciones españolas, que acusan respectivamente al bando contrario de bolchevismo y de fascismo. Así pues, a las causas nacionales, ya de por sí importantes, se le añaden los motivos internacionales, que exacerban más aún unas antiguas y profundas tensiones.

ACTORES PRINCIPALES

FRANCISCO LARGO CABALLERO, JEFE DE GOBIERNO DE 1936 A 1937

Fotografía de Francisco Largo Caballero en 1927.

El compromiso político

Francisco Largo Caballero nace en 1869 en Madrid, en el seno de una familia modesta. Trabajador de la construcción, se afilia a la UGT en 1888 y al PSOE en 1894. Es encarcelado en 1917 por haber participado en las huelgas que sacuden por entonces el país, antes de ser elegido a las Cortes el año siguiente. Es secretario general de la UGT desde 1918, y después presidente del PSOE en 1932, para convertirse en ministro de Trabajo en la Segunda República. Su postura se radicaliza durante estos últimos años, hasta el punto de ser llamado el Lenin español y de inspirar la Revolución de Asturias de 1934.

El jefe de guerra

Unas semanas después del golpe de Estado de julio de 1936, es nombrado jefe de Gobierno y ministro de Guerra. Entonces, se esfuerza por disciplinar al ejército y por que se respete la autoridad del Gobierno en la zona republicana, pero se convierte enseguida en el blanco de las maquinaciones del PCE, que quiere tomar las riendas de las operaciones, y se ve obligado a dimitir en la primavera de 1937. Tras la derrota republicana, se exilia en Francia. Es detenido y seguidamente deportado por los alemanes en 1940. Es liberado por la URSS, y muere en París en 1946.

MANUEL AZAÑA, PRESIDENTE DE LA REPÚBLICA DE 1936 A 1939

Fotografía de Manuel Azaña.

Un republicano convencido

Manuel Azaña nace en 1880 en la Comunidad de Madrid, en el seno de la alta burguesía. Es el cofundador en 1913 de la Liga de Educación Política, destinada a sensibilizar a los españoles sobre la democracia parlamentaria, y colabora en la revista de oposición *España* al lado de los más grandes intelectuales de su época. Admirador de la república a la francesa, es uno de los portavoces de la oposición moderada bajo la dictadura de Primo de Rivera, y después se convierte en jefe de Gobierno tras la proclamación de la Segunda República, que quiere gobernar «mediante la razón».

La encarnación de la República

> «Azaña era, sin lugar a dudas, el hombre clave del nuevo régimen, el más destacado por su cultura y sus dotes de orador, a pesar de contar con una apariencia física poco atractiva»[1] (Bennassar 2004, 41)

Lleva a cabo grandes reformas de laicización y de educación de la sociedad, e inicia la reforma agraria. Vencido por la derecha en 1933, lleva al Frente Popular a la victoria en febrero de 1936, antes de convertirse en presidente de la República en mayo de ese mismo año. Independientemente de su influencia real, ocupa su puesto hasta el final de la Guerra Civil, y después se exilia en Montauban (Francia), donde fallece en 1940.

---

1. Cita traducida por 50Minutos.es

FRANCISCO FRANCO, GENERAL Y HOMBRE DE ESTADO ESPAÑOL

Franco y Carmen Polo (Primera dama, 1900-1988), fotografía de 1968.

Una brillante carrera militar

Francisco Franco Bahamonde nace en 1892 en Ferrol, Galicia. Fruto de la burguesía media y conservadora, sigue la tradición familiar al abrazar la carrera militar, que le lleva a participar en las guerras de Marruecos en 1912 y a crear la Legión Española, también llamada Tercio de Extranjeros, en 1920. Su actuación durante la represión de la revuelta de Abd el-Krim (1882-1963) en Marruecos le hace ganarse un ascenso al rango de general con 34 años. Bajo la Segunda República, a la que *a priori* no se opone, guarda las distancias con los conspiradores. Finalmente, sin embargo, acaba por dejarse convencer y participa en la insurrección de julio de 1936, que encabezará semanas más tarde.

La dictadura

Al final de la guerra, Franco, conocido como el Caudillo, se convierte oficialmente en jefe de Estado. Instaura una dictadura personal, al principio dura y muy represiva, antes de suavizar su política. Muere en 1975, tras haber nombrado como sucesor seis años antes a Juan Carlos de Borbón (nacido en 1938). Francisco Franco, dotado de una personalidad relativamente ordinaria, tiene las mismas ideas sobre el mundo y los acontecimientos que ocurren en él que la mayoría de los españoles procedentes de su mismo entorno. Es un militar pragmático, un católico conservador, apegado a la unidad y a la grandeza de la España histórica, y desconfiará siempre de las ideologías nuevas y violentas como las que preconizan el fascismo y el nazismo.

JUAN NEGRÍN, JEFE DE GOBIERNO DE 1937 A 1939

Una carrera prometedora

Juan Negrín, nacido en las Islas Canarias en 1892, es investigador y profesor de fisiología antes de pasar a formar parte del PSOE en 1929 y de convertirse en diputado dos años más tarde. Partidario de un socialismo moderado, encabeza el PSOE tras la Revolución de Asturias de 1934 debido a que Largo Caballero había sido encarcelado por participar activamente en la revuelta. Ocupa el puesto de ministro de Finanzas durante los seis primeros meses de la guerra y organiza el traslado a la URSS de una importante parte de la reserva de oro del Banco de España.

¿El hombre de Moscú?

Durante la crisis que afecta al bando republicano en la primavera de 1937, es el candidato elegido por los comunistas para encabezar el Gobierno, donde es nombrado de forma oficial. Su papel durante la guerra es ambiguo: se le acusa de haber servido a los intereses de la URSS contra los de la revolución española, al haber reforzado el poder central en detrimento de los anarcosindicalistas y al haberse aliado con la burguesía. Jefe de Gobierno de la República en exilio al final de la guerra, se establece en París, donde muere en 1956.

LA GUERRA CIVIL ESPAÑOLA

LA ENTRADA EN GUERRA

El golpe de Estado

El asesinato del jefe monárquico José Calvo Sotelo el 13 de julio de 1936 es el punto culminante de los desórdenes políticos de la primavera de 1936, y desata la Guerra Civil. El acontecimiento acaba por convencer a los últimos generales que se mostraban hasta entonces reticentes, como Franco, de participar en el pronunciamiento preparado desde hacía tiempo por una parte del ejército dirigido por el general Emilio Mola (1887-1937). La primera insurrección tiene lugar en el Marruecos español el 17 de julio, seguido al día siguiente de la insurrección militar en España. Pero culmina con un fracaso parcial, y menos de la mitad del territorio cae en manos de los que se hacen llamar nacionales o el Movimiento. Aunque logran controlar el norte de Marruecos, otras zonas se mantienen fieles a la República: las principales ciudades de Andalucía, Castilla la Vieja, Galicia, Navarra y una parte de Aragón, Madrid, Castilla la Nueva, Extremadura, Cataluña, Asturias y el Levante. La guerra encuentra su origen en este equilibrio de fuerzas, puesto que el éxito absoluto de la insurrección o su fracaso total habrían resuelto enseguida la situación.

La ofensiva de los nacionales

Andalucía es sometida rápidamente por los nacionales, que buscan a partir de ahora unir al ejército del sur con el del norte, dirigido por Emilio Mola, principal organizador del golpe de Estado. Franco, que dirige las operaciones en Marruecos, debe ahora hacer que sus tropas atraviesen el estrecho de Gibraltar, defendido por la marina, que se mantiene en gran parte fiel a la República. Lo logra estableciendo el primer puente aéreo de la historia con la ayuda de la aviación alemana e italiana. A finales de septiembre de 1936, cuando el presunto jefe de la rebelión, José Sanjurjo (1872-1936) pierde la vida en un accidente de avión, Franco es declarado jefe del Estado y general jefe de los ejércitos por los insurgentes.

EL ASEDIO DEL ALCÁZAR

El mito del asedio del Alcázar nace en la resistencia de los jóvenes alumnos de la escuela militar, atrincherados en la fortaleza del Alcázar de Toledo durante los dos meses posteriores al sitio llevado a cabo por los republicanos. Pero esta visión franquista de los hechos oculta una realidad menos legendaria, ya que de los 1300 defensores del Alcázar, menos de una decena eran alumnos —muchos estaban de vacaciones en el momento de los hechos. Dejando a un lado su principal objetivo, que es Madrid, Franco acude a la ayuda de los asediados y los libera el 28 de septiembre de 1936. Aún a día de hoy, los muros perforados por las balas atestiguan este violento episodio de la guerra.

Fotografía tomada durante el asedio del Alcázar.

Violencia, represión y exterminio

Más que un conflicto entre dos partes opuestas, en la guerra de España se enfrentan múltiples corrientes ideológicas cuya ceguera dogmática conduce a las peores atrocidades. Desde las primeras semanas, numerosas ejecuciones sumarias minan a ambos bandos: los rebeldes y los republicanos asesinan respectivamente a personalidades como el poeta Federico García Lorca (1898-1936) o José Antonio Primo de Rivera. Unas 5000 personas son masacradas por los nacionales en Badajoz, mientras que bandas de milicias republicanas siembran el terror en Madrid. Un jefe rebelde expone en las calles de Sevilla los cuerpos de las 9000 víctimas asesinadas tras la revuelta obrera. Los rojos, por su parte, que multiplican los saqueos y los actos de vandalismo, ejecutan a casi 7000 miembros del clero. Estos crímenes, a los que los dirigentes no le prestan mucha atención al principio, tienen un fuerte impacto psicológico en el adversario, y alimentan la propaganda de ambos bandos. Se calcula que la represión provoca no menos de 60 000 víctimas de las dos partes.

LAS FUERZAS IMPLICADAS

La unidad del ejército franquista

Cada bando cuenta con casi un millón de hombres en el momento álgido del conflicto, pero lo que diferencia enseguida a los republicanos de los nacionales es su organización interna. Unos están dirigidos por el Caudillo, jefe único y autoritario con todos los poderes, que hace que se fusionen en abril de 1937 los diferentes movimientos de sus partidarios —la extrema derecha fascista, los monárquicos, la derecha conservadora y tradicionalista— en un único partido, la Falange Española Tradicionalista. En sus filas cuenta con un buen número de militares profesionales, entre ellos las tropas de élite de la Legión, los temibles Regulares (que incluyen a la infantería y a la caballería reclutada en el Marruecos español) y las milicias voluntarias, como los 8000 carlistas (monárquicos defensores del orden tradicional) de Navarra, también llamados Requetés.

El ejército republicano, presa de las divisiones

Por el contrario, el ejército republicano está dirigido por civiles que, en su mayoría, están en desacuerdo con la táctica que hay que adoptar y los objetivos que hay que cumplir: mientras que los anarquistas y el POUM se pronuncian a favor de una revolución radical, los socialistas y, sobre todo, el PCE, preconizan el orden para llevar a cabo una guerra eficaz, aunque haya que aliarse a los partidos burgueses para lograrlo. A partir de 1937, el ejército republicano consigue, sin embargo, instaurar una cierta disciplina gracias a Indalecio Prieto (1883-1962), socialista moderado y ministro de Defensa del gobierno de Negrín, que militariza y encuadra a milicias hasta entonces relativamente autónomas. Estas constituyen la mayor parte de las fuerzas republicanas, con los militares que se mantienen fieles al régimen y las Brigadas Internacionales.

Aspectos socioeconómicos

Los territorios que se mantienen fieles a la República son

esencialmente zonas urbanas e industriales, que también son los más poblados: tres quintos de la población se encuentran en zona republicana, en una superficie prácticamente igual a la de la zona nacional. Esta última ocupa la mayor parte de las tierras agrícolas, lo que le asegura las provisiones a los franquistas durante todo el conflicto. En cambio, la escasez amenaza rápidamente a los republicanos, que deben instaurar un sistema de racionamiento. Las condiciones de vida son difíciles, especialmente porque hay que acoger varios cientos de miles de refugiados que huyen de los nacionales.

UNA DIMENSIÓN INTERNACIONAL

La «guerra de los escritores»

«Estoy convencido de que las grandes maniobras del mundo en contra de la libertad acaban de empezar»[2], declara poco después del golpe de Estado André Malraux (1901-1976), uno de los numerosos artistas y escritores para los que la guerra de España es la ocasión de llevar a cabo un combate ideológico contra la deriva totalitaria de Europa (Sanz De Soto 1997, 26-27). El conflicto también es evocado por Ernest Hemingway (1899-1961) en *Por quién doblan las campanas* (1940), y supone el compromiso de George Orwell (1903-1950), que relata los años de guerra en su libro *Homenaje a Cataluña* (1938), o incluso el de Stephen Spender (1909-1995). Por el contrario, los franquistas reciben el apoyo de escritores como Robert Brasillach (1909-1945), que publica en 1939 su *Historia de la guerra de España*, o Paul Claudel

---

2. Cita traducida por 50Minutos.es

(1868-1955), que le compone una oda a Franco.

La URSS y la Internacional Comunista al lado de los republicanos

Stalin no quería que hubiera una revolución en España. Esta estalla cuando la URSS, temiendo el aumento de poder del nazismo, intenta acercarse a las democracias occidentales. Para no ahuyentarlas apoyando la revolución, Stalin centra su intervención en el combate antifascista. Por ese motivo, recomienda a la Internacional Comunista tomar el control del bando republicano mediante el PCE, cuyos efectivos aumentan rápidamente durante la guerra hasta llegar a contar con 380 000 miembros en el verano de 1937, para salvaguardar así las instituciones y respetar las reglas de la legalidad, lo que implica reprimir las veleidades demasiado revolucionarias de los anarquistas.

La URSS le proporciona a los republicanos casi 1000 aviones, 15 000 metralletas y 350 tanques. Stalin le factura 800 millones a los republicanos, y cobra directamente de las 457 toneladas de oro español puestas a salvo en el Kremlin por Juan Negrín.

Alemania e Italia al lado de los nacionales

El día después del golpe de Estado, Franco envía emisarios a Hitler y a Mussolini para convencerlos de que le ayuden. Hitler, para quien España es secundaria en sus objetivos estratégicos, duda en un principio, pero después ve la ocasión de una alianza que perjudique a Francia y a Inglaterra. Además de ayuda logística, envía a lo largo de la guerra cientos de piezas de DCA (Defensa Contra Aviones) y otros cañones, más de 600 aviones, de los cuales 92 pertenecen a la Legión Cóndor —también formada por un batallón de tanques Panzer— bajo dirección alemana, y un total de 16 500 hombres. A cambio, exige un suministro regular de minerales y de materias primas. Seducido por la política fascista de Franco y por una potencial alianza con una nación mediterránea que podría contribuir a restaurar el Imperio romano, Mussolini se compromete antes que Hitler y Stalin. Proporciona submarinos, navíos, más de 700 aviones, 150 tanques y numerosa infantería: 75 000 soldados italianos participan en la guerra, durante la que 4300 de ellos mueren. Por otro lado, Hitler y Mussolini, que le prestan a Franco 560 millones de dólares, le otorgan créditos muy favorables e incluso llegarán a reducir su deuda al final de la guerra.

La no intervención de las democracias occidentales

El Frente Popular, por su parte, le pide la ayuda a su homólogo francés. Léon Blum (1872-1950), jefe del grupo del Frente Popular francés, le responde afirmativamente en un primer momento, pero solo le da tiempo a enviar algunos aviones antes de que, bajo presión de la derecha y de Gran Bretaña, acabe retractándose y rechazando cualquier intervención. Los británicos, que no ven en Franco una amenaza para sus intereses y que además son fervientes anticomunistas, rechazan participar en el conflicto. Entonces las dos democracias elaboran el concepto de no intervención, que Alemania, Italia y la URSS firman pero finalmente no tienen en cuenta. En lo que respecta a los Estados Unidos, además de una cierta indiferencia debido a su política aislacionista, están divididos entre conservadores y demócratas.

¿Sabías que...?

A pesar de elegir no intervenir en el conflicto, el Comité de No Intervención causa algunos problemas a los franquistas al rechazar otorgarles el estatuto internacional de beligerancia. Según las normas del derecho internacional, este estatuto le confiere al que lo obtiene el derecho de inspeccionar navíos extranjeros en alta mar o incluso de realizar bloqueos marítimos. La flota de guerra de los nacionales era mayor y estaba mejor equipada que la de los republicanos, por lo que estos últimos, al dejar de recibir cargamentos de armas procedentes del exterior, se habrían asfixiado enseguida. Esta decisión es sobre todo de Francia y de Inglaterra, que temían que el acceso a sus territorios coloniales y a Gibraltar se viera amenazado por una flota española que bloquearía el pasaje entre el norte y el sur del Mediterráneo.

EL DESARROLLO DE LA GUERRA

La batalla de Madrid: ¡No pasarán!

Durante el invierno de 1936-1937, los nacionales y sus aliados italianos intentan en tres ocasiones romper la defensa de Madrid. A cada intento, los republicanos se mantienen firmes y contraatacan hasta que los nacionales son definitivamente derrotados el 18 de marzo de 1937, renunciando a tomar la ciudad. Esta batalla, simbolizada por el «¡No pasarán!» pronunciado por la dirigente del Partido Comunista vasco Dolores Ibárruri (1895-1989), llamada la Pasionaria, se convierte en el gran lema republicano de la guerra.

Fotografía tomada en Madrid durante la guerra. Vemos un cartel en el que está escrito el «¡No pasarán!» pronunciado por la Pasionaria.

La campaña del Norte

Frente a la resistencia de Madrid, Franco decide atacar las zonas republicanas del norte. Durante esta campaña tiene lugar en la ciudad vasca de Guernica uno de los primeros bombardeos aéreos en alfombra que caracterizarán las guerras modernas desde ese momento, y que establece la táctica de apoyo aéreo a las fuerzas de infantería. Esto le permite a los nacionales romper el Cinturón de Hierro, el sistema de defensa de la ciudad de Bilbao, formado por túneles y bunkers, y someter todo el País Vasco en agosto de 1937. Asturias cae dos meses después.

Los Sucesos de Mayo: una guerra civil dentro de la guerra civil

En el bando republicano, la oposición entre los anarquistas de la CNT y los marxistas del POUM por una parte, y entre el gobierno y los comunistas —el PCE y su rama catalana, el PSUC— por la otra, alcanza su apogeo en mayo de 1937. Durante una semana, ambos movimientos se enfrentan en las calles de Barcelona. Los combates causan 400 víctimas y 1000 heridos, y los comunistas logran acabar con el POUM, comparado por Stalin con la disidencia trotskista. Su líder, Andreu Nin, es asesinado por los servicios comunistas. Estos hechos quebrantan gravemente al bando republicano.

Últimas batallas

A finales de diciembre de 1937, los republicanos intentan un ataque contra Teruel (Aragón). Toman la ciudad, pero no logran mantenerla en su poder. En la primavera de 1938, implican a 800 000 hombres en un gran despliegue ofensivo en los márgenes del Ebro. Aunque al principio la maniobra parece un éxito, tras tres meses de violentos combates los nacionales vuelven tomar la delantera. De hecho, aunque el ejército republicano parece muy eficaz en la defensa, lo es mucho menos en las contraofensivas.

El fin de la guerra

A pesar de la crítica situación en que se encuentran los republicanos, Juan Negrín sigue preconizando la resistencia a todo precio para que el conflicto dure lo máximo posible y con la esperanza de que, si la guerra estallaba en Europa, Francia acudiera a combatir el fascismo a su lado. Franco, que quiere erradicar metódicamente toda resistencia, tampoco tiene prisa por acabar, lo que se suma al hecho de que Hitler le anima en este sentido: en efecto, este último aprovecha la distracción que le procura el conflicto español para llevar a cabo su política de anexión en Europa central. Pero la victoria del Caudillo es inevitable: Barcelona cae en enero de 1939, Madrid y Valencia en marzo. El 1 de abril de 1939, Franco anuncia el fin de la guerra. Esta le habrá costado la vida a 140 000 combatientes, a los que hay que añadir los 10 000 civiles muertos durante los bombardeos y las 120 000 víctimas de la represión.

REPERCUSIONES

LAS CONSECUENCIAS DIRECTAS DE LA GUERRA

La continuación de la represión

Franco está decidido a no perdonar nada y a erradicar cualquier amenaza, por lo que continúa con la represión cuando se alza con la victoria y proclama la ley marcial, que no será levantada hasta 1948. Durante los años subsiguientes al final del conflicto, son ejecutadas unas 30 000 personas y se calcula que, en 1940, aún hay unos 250 000 prisioneros. Estos últimos se liberan poco a poco, en la medida en que se promulgan leyes de amnistía. Cinco años más tarde, ya solo quedarán 44 000 prisioneros.

La ley de 1939 sobre las responsabilidades políticas condena a todos los que hayan colaborado con la Segunda República a partir de 1936 e, incluso, a partir de 1934 en algunos casos. Habrá que esperar a 1966 para que esta sea abrogada. Los francmasones, acusados de conspirar contra los intereses de España desde el siglo XIX, son perseguidos y el comunismo es prohibido.

EL VALLE DE LOS CAÍDOS

El Valle de los Caídos es el nombre otorgado al mayor monumento erigido en memoria de todos los muertos de la Guerra Civil. Construido a partir de 1940, en parte por prisioneros políticos voluntarios, e inaugurado en

1959, sirve a la propaganda franquista: además de que la tumba de José Antonio Primo de Rivera está ubicada en la posición central, frente al lugar que el Caudillo se reserva a sí mismo, el monumento le permite a Franco presentarse como el gran reconciliador de las dos Españas. Aquí se encuentran los restos de decenas de miles de víctimas de ambos bandos, que a veces se llevaban allí sin haber recibido el consentimiento previo de sus familiares. Desde hace varios años, son muchos los políticos que luchan por que los restos de Franco se lleven a un lugar más adecuado por respeto a los hombres y mujeres caídos durante la guerra.

Fotografía del Valle de los Caídos.

Un éxodo masivo y una maltrecha economía

El final de la guerra desencadena un éxodo masivo de republicanos y de aquellos que temen represalias: 440

000 personas llegan a Francia en primavera de 1939, donde se apiñan en campamentos improvisados vigilados por el ejército francés. Aunque la mayoría regresa a su país, se calcula que 162 000 personas emigran definitivamente. Algunos se exilian a Latinoamérica, y solo los dirigentes del PCE son acogidos por la URSS. A esto se le añaden 200 000 víctimas del hambre y de las enfermedades que aparecen tras la guerra.

La guerra y los intentos de revolución de la zona republicana perjudican a la economía del país, pero en proporciones relativamente soportables: en 1940, las producciones agrícola e industrial son respectivamente un 25 % y un 15 % inferiores a las de 1935, y el PIB ha disminuido en un 15 % comparado con el de antes de la guerra. Hasta 1954, el nivel de producción global no se vuelve a situar al mismo nivel que en 1936, siendo el período más difícil el de 1940-1945.

LA DICTADURA DE FRANCO

A partir de 1939, Franco instaura una dictadura personal que se mantiene hasta su muerte en 1975. Adopta una política pragmática que adapta en función de las circunstancias, y acaba siendo aceptado a duras penas por la comunidad internacional. El régimen es autoritario y las libertades están restringidas, pero mientras los habitantes no contravengan el orden nacional, pueden llevar una vida relativamente tranquila.

UNAS REPERCUSIONES INTERNACIONALES LIMITADAS

La guerra de España: ¿un ensayo general de la Segunda Guerra Mundial?

Varios aspectos de la guerra civil española llevan a ciertos historiadores a considerarla un laboratorio o un preludio de la Segunda Guerra Mundial. Además del hecho de que se trata de un conflicto esencialmente ideológico, durante el que se enfrentan indirectamente los comunistas y los nazis, es la ocasión para los beligerantes, en especial para Alemania, de probar material nuevo y de establecer nuevas tácticas militares (bombardeos masivos, apoyo aéreo a las tropas terrestres, etc.). Para otros, no puede compararse con lo que vendrá después, especialmente cuando Franco se abstiene de colaborar con las potencias del Eje (Alemania e Italia) durante el conflicto mundial. Lo cierto es que la guerra civil española marca una importante etapa en la evolución de los conflictos modernos.

LA GUERRA DE ESPAÑA HOY EN DÍA

Bajo la dictadura de Franco, la Guerra Civil es un tema tabú en muchas familias, muy a menudo rotas por el conflicto. Oficialmente, la versión franquista es la única autorizada. Durante la transición democrática (1975-1982) que lleva a la actual monarquía constitucional, se comienzan a oír voces disidentes —o tal vez simplemente objetivas. Sin embargo, la sociedad intenta tácitamente «evitar el tema [...] de la Guerra Civil en la vida política y pública»[3] (Payne 2011, 549). La situación cambia en los años noventa, durante los que las referencias políticas a la guerra son cada vez más numerosas, sobre todo por parte de la izquierda. Es en este contexto en que aparecen movimientos que ofrecen a las familias ayuda para identificar y recuperar los restos de sus parientes asesinados. Un ejemplo es la Asociación para la Recuperación de la Memoria Histórica (ARMH), creada en el año 2000 tras el descubrimiento de una fosa común en la provincia de León. Finalmente, la Ley de Memoria Histórica aprobada en 2007 le permite a los descendientes de víctimas del franquismo adoptar la nacionalidad española.

---

3. Cita traducida por 50Minutos.es

EL RESUMEN

1931
14 abr.: proclamación de
la Segunda República

1936
13 jul.: asesinato de José Calvo Sotelo
17-18 jul.: **golpe de Estado que
provoca la Guerra Civil**

1936-1937
Nov. 1936-mar.1937: **batalla de Madrid**

1937
Mar.-oct.: campaña del Norte

1937-1938
Dic. 1937-feb. 1938: batalla de Teruel

1938
Jul.-nov.: batalla del Ebro

1939
1 abr.: **fin de la Guerra Civil**

1939-1975
Dictadura de Franco

Años 1990
Puesta en marcha de acciones
como las del ARMH

- Durante la Segunda República Española (1931-1936), la derecha —formada por los conservadores católicos republicanos, los monárquicos y los fascistas— y la izquierda —compuesta por los reformistas republicanos, los socialistas, los comunistas y los anarquistas— se radicalizan tras el aumento de las tensiones internas y el crecimiento de los totalitarismos en Europa.

- El 18 de julio de 1936, el fracaso relativo del pronunciamiento militar de una parte del ejército desencadena la Guerra Civil.
- A principios de la guerra, las fuerzas nacionales o franquistas —unión de la derecha— y republicanas —unión de la izquierda— están bastante equilibradas desde un punto de vista territorial, poblacional y armamentístico.
- El bando nacional está unido bajo el mando de Francisco Franco, mientras que el republicano se encuentra dividido.
- Las tensiones internas que afectan a los republicanos llevan a varios enfrentamientos armados, que oponen principalmente a los comunistas pro-estalinistas contra los antiestalinistas o anarquistas.
- La guerra se estructura en cuatro grandes episodios: la batalla de Madrid (noviembre de 1936-marzo de 1937), la campaña del Norte (marzo-octubre de 1937), la batalla de Teruel (diciembre de 1937-febrero de 1938) y la batalla del Ebro (julio-noviembre de 1938).
- Ambos bandos ejercen una represión de una violencia extrema sobre sus adversarios.
- Los dos bandos reciben ayuda en proporciones similares: los nacionales de Mussolini y de Hitler; los republicanos de la URSS.
- Las democracias occidentales —Francia, Gran Bretaña y Estados Unidos— rechazan participar y elaboran un Pacto de No Intervención.
- La guerra termina el 1 de abril de 1939 con la victoria franquista. El conflicto provoca la muerte de más de 300

000 personas.

- A pesar del elevado número de víctimas, Franco continúa con la represión para erradicar cualquier amenaza. Instaura un régimen dictatorial, que acaba en 1975, mientras que la ley marcial concluye en 1948.

PARA IR MÁS ALLÁ

FUENTES BIBLIOGRÁFICAS

- Memoria Republicana, "II República". Consultado el 30 de mayo de 2016.
  http://www.memoriarepublicana.com/iirep/
- Beevor, Antony. 2006. *La guerre d'Espagne*. París: Calmann-Lévy.
- Benet, Juan. 1999. *La sombra de la guerra. Escritos sobre la Guerra Civil española*. Madrid: Taurus.
- Bennassar, Bartolomé. 2004. *La guerre d'Espagne et ses lendemains*. París: Perrin.
- Del Castillo, Michel. 2005. *Dictionnaire amoureux de l'Espagne*. París: Plon.
- Godicheau, François. 2006. *La guerre d'Espagne. De la démocratie à la dictature*. París: Découvertes Gallimard.
- Hermet, Guy. 1989. *La guerre d'Espagne*. París: Seuil.
- AFP. 2013. "L'Espagne, toujours face à l'épineuse question de la tombe de Franco". *Le Parisien*. 20 de noviembre.
- Luis, Jean-Philippe. 2002. *La guerre d'Espagne*. Toulouse: Milán.
- Payne, Stanley. 2011. *La guerre d'Espagne. L'histoire face à la confusion mémorielle*. París: Cerf.
- Pernot, Maurice. 1937. "La guerre d'Espagne et la paix de l'Europe". *Politique étrangère*, n.º 4, 301-311.
- San De Soto, Emilio. 1997. "Les écrivains et la guerre d'Espagne". *Le Monde diplomatique*, n.º 517, abril.
- Thomas, Hugh. 2004. *La guerre d'Espagne*. París: Robert Laffont.

- Vilar, Pierre. 2009. *Histoire de l'Espagne*. París: Presses universitaires de France.

FUENTES ICONOGRÁFICAS

- Fotografía tomada durante el asedio del Alcázar. La imagen reproducida está libre de derechos.
- Fotografía tomada en Madrid durante la guerra. Vemos un cartel en el que está escrito el «¡No pasarán!» pronunciado por la Pasionaria. La imagen reproducida está libre de derechos.
- Fotografía del Valle de los Caídos. La imagen reproducida está libre de derechos.

DOCUMENTALES

- *18 juillet 1936. La Guerre d'Espagne, prélude à la tragédie*. Dirigido por Gilles Delannoy y Jean-Claude Dassier. Francia, 1986.
- *España 1936-1939: La Guerra Civil*. Dirigido por Leonardo Tiberi. Barcelona, 2004.
- *Mourir à Madrid*. Dirigido por Frédéric Rossif. Francia, 1963.

MUSEOS Y LUGARES CONMEMORATIVOS

- El Valle de los Caídos, en San Lorenzo de El Escorial, Madrid.
- Museu Memorial de l'Exili (MUME), en La Jonquera, Cataluña.
- Museo-Refugio de la Guerra Civil, en Cartagena, Murcia.

en50MINUTOS.es

Historia

Economía y empresa

Coaching

EL DIAGRAMA DE ISHIKAWA

Material   Método   Máquina

Madre Naturaleza   Medida   Hombres

LA GUERRA DE PALESTINA DE 1948

DOMINA EL ARTE DEL NETWORKING

ALTI SIGMA YÖNTEMI

İşinizin kalitesini ve tutarlılığını artırma

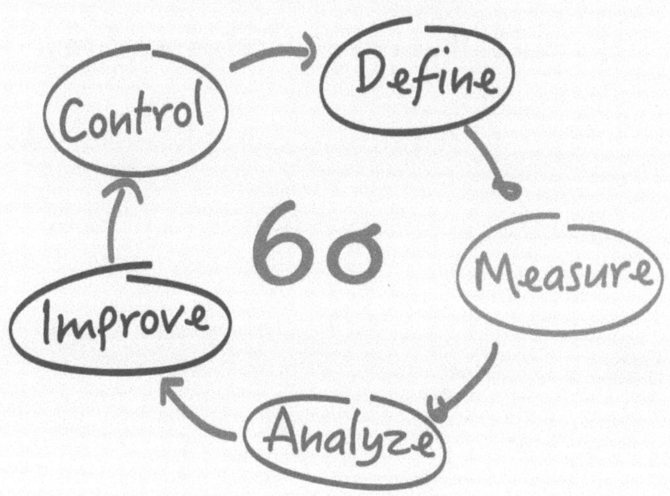

50MINUTES.com

ALTI SIGMA YÖNTEMI

İşinizin kalitesini ve tutarlılığını artırma

tarafından yazılmıştır Anis Ben Alaya
tarafından çevrildi Baris Şahin

50MINUTES.com